AF198914

Patric Eid

Arbeitsbuch Agiles Projektmanagement und Scrum

Patric Eid

ARBEITSBUCH

Agiles Projektmanagement und Scrum

Bibliografische Information der Deutschen Nationalbibliothek:
Die Deutsche Nationalbibliothek verzeichnet diese Publikation
in der Deutschen Nationalbibliografie; detaillierte
bibliografische Daten sind im Internet über http://dnb.dnb.de
abrufbar.

© 2019 Patric Eid

Herstellung und Verlag: BoD – Books on Demand,
Norderstedt

ISBN: 978-3-7504-0388-8

Inhaltsverzeichnis

1 Vorwort

Dieses Arbeitsbuch soll Ihr Wegbegleiter beim Erlenen der agilen Basics vor allem im Bezug zu Scrum sein. Daher werden in den nachfolgenden Kapiteln sowohl zu Scrum als auch zum Agilen Projektmanagement Verständnisfragen gestellt. Diese können Sie selbst direkt im Arbeitsbuch ausfüllen und haben somit anschließend ein Nachschlagewerk, das in Ihrer eigenen Sprache erstellt worden ist.

Die Verwendung des Arbeitsbuchs bietet sich beim Besuch von Seminaren zum Agilen Projektmanagement oder Scrum an. Darüber hinaus kann es auch als Notizbuch beim Lesen neuer agiler Literatur, dem Besuch von Webinaren oder als Tagebuch der alltäglichen Arbeit in einem agilen Umfeld dienen.

Im Antwortkatalog werden die Verständnisfragen aufgegriffen und erklärt. Der Antwortkatalog soll dabei aber nicht als einzige Input-Quelle dienen, sondern lediglich einen ersten Impuls geben.

Neben den Fragen-Antwort-Katalog beinhaltet das Buch ein Glossar und eine Literaturliste.

Anmerkung des Autors:

Ich bitte Sie um Verständnis, dass ich im gesamten Buch die traditionelle männliche Schreibweise gewählt habe. Dies soll Sie keineswegs diskriminieren oder demotivieren, sondern es dient lediglich der Lesbarkeit des Textes.

2 Fragenkatalog

Der Fragenkatalog beinhaltet geführte Fragen über agile Themen, Scrum und agiles Projektmanagement.

2.1 Agil & Klassisch

Die nachfolgenden Verständnisfragen dienen dem Festhalten der Unterschiede zwischen Agilem Projektmanagement und Klassischem Projektmanagement.

Was bedeutet „Agil"?

Was ist das Agile Manifest?

advitago Business Consulting

Was sind die wesentlichen Unterschiede zwischen „Agil" und „Klassisch"?

Wie sieht das magische Dreieck in agilen Projekten aus?

Für welche Projekte eigenen sich agile Ansätze?

2.2 Das SCRUM 3x3x5

Scrum ist ein agiler Prozess, dessen Namensursprung auf die Sportart Rugby zurückgeht.

Die nachfolgenden Fragen beschäftigen sich mit der Herkunft des Namens Scrum und der Aufklärung was mit dem 3x3x5 gemeint ist. Das Rollenverständnis wird geschärft und die Meetings in Scrum erfragt.

Was bedeutet der Name Scrum und welche Parallelen hat Scrum zu Rugby?

Was verbirgt sich hinter 3x3x5?

Welche Rollen gibt es in Scrum?

Wer gehört alles zum Scrum Team?

Welche Meetings gibt es?

Was sind die Aufgaben des Scrum Masters?

advitago Business Consulting

Was sind die Aufgaben des Product Owners?

Was sind die Aufgaben des Scrum Development Teams?

Welche Disziplinen werden im Scrum Development Team abgebildet?

Was ist ein Sprint und wozu dient er?

Wann ist ein Sprint beendet?

Wer ist während des Sprints für das Managen der Sprint-Inhalte verantwortlich?

In welchem Meeting findet eine kontinuierliche Optimierung der Teamabläufe statt?

Wozu dient das Sprint Review?

_____

Wer muss an einem Daily Scrum teilnehmen?

_____

Wer ist für die Priorisierung des Product Backlogs verantwortlich?

_____

2.3 Product Backlog

Im Agilen Projektmanagement und auch in Scrum gibt es ein Product Backlog. Zumindest in Scrum gibt es zusätzlich noch ein Sprint Backlog und Impediment Backlog.

Was sind Product Backlog Items?

Für was wird das Product Backlog verwendet?

Wie geschieht die Priorisierung im Product Backlog?

Wer pflegt das Product Backlog?

Was ist ein Sprint Backlog?

Wer pflegt das Sprint Backlog?

Was ist ein Impediment Backlog?

Wer ist für die Abarbeitung des Impediment Backlogs verantwortlich?

2.4 User Stories

Was ist eine User Story?

Wie werden User Stories beschrieben?

Was macht eine „gute" User Story aus? (Stichwort INVEST)

Wie schneidet man User Stories?

Was sind Epics?

Was sind Tasks?

advitago Business Consulting

2.5 Agiles Schätzen

Was ist der wesentliche Unterschied zwischen agilem Schätzen und Aufwandsschätzungen?

Was bedeutet „Story Point"?

Welche unterschiedlichen Schätzmethoden gibt es?

2.6 Projekte

Was ist ein Projekt?

advitago Business Consulting

Was sind Stakeholder?

Wie wird eine Produktvision beschrieben?

2.7 Eigene Notizen

advitago Business Consulting

3 Project Inception

Nachfolgend ein Template für ein Project Inception. Das Project Inception ist das Projektdeckblatt und wird in der Initialisierungsphase eines Projekts erstellt. Teile aus dem Project Inception werden kontinuierlich während der Projektlaufzeit gepflegt. Zum Beispiel können Stakeholder neu hinzukommen oder sich ihr Einfluss auf das Projekt ändern. Dies muss im Laufe des Projekts berücksichtigt und angepasst werden.

Projektname

_____

_____

_____

Elevator Pitch / Produktvision

_____

_____

_____

_____

_____

_____

Prioritäten

	Top-Prio	Sehr hoch	Hoch	Mittel	Vernach-lässigbar
Projekt-inhalt					
Zeit					
Qualität					
Kosten					

Im Projekt enthalten (in scope):

_____

_____

_____

_____

_____

_____

Nicht im Projekt enthalten (out of scope):

_____

_____

_____

_____

_____

_____

Ungeklärt:

_____

_____

_____

_____

_____

Nicht-funktionale Anforderungen

_____

_____

_____

Projektrisiken

_____

_____

_____

Rollen

_____

_____

_____

Stakeholder

_____

_____

_____

4 Antwortenkatalog

In den nachfolgenden Kapiteln finden Sie eine Zusammenfassung von Agilität als Begriffserklärung, Scrum als agiles Vorgehensmodell (Guide, 2019) und weiterführende Informationen zu Projekten und User Stories. Dieses Kapitel soll Ihnen bei der Beantwortung der Fragen aus Kapitel 2 behilflich sein. Allerdings werden die Antworten auch nur einen ersten Input darstellen und sollen zur eigenständigen Vertiefung der Themen anregen.

4.1 Agil & Klassisch

Die nachfolgenden Kapitel befassen sich mit der Unterscheidung zwischen klassischem Projektmanagement und agilem Projektmanagement.

4.1.1 Die Bedeutung von "Agil"

Agilität ist keine Methode, sondern eine Einstellung. Eine Einstellung gegenüber seinen Kollegen, Mitarbeitern und Kunden. Eine Ansammlung von Werten und Prinzipien. Von Kultur und Zusammenarbeit. Und eine Fokussierung auf Kundenwert.

Im Zentrum der Agilität steht das Agile Manifest. Darauf basieren Vorgehensmodelle und Prozesse, Handwerkzeuge und Prozesse.

4.1.2 Das Agile Manifest

Der kleinste gemeinsame Nenner aller agilen Vorgehensmodellen ist das Agile Manifest[1].

Der Wortlaut des agilen Manifests lautet wie nachfolgend.

Wir erschließen bessere Wege, Software zu entwickeln, indem wir es selbst tun und anderen dabei helfen. Durch diese Tätigkeit haben wir diese Werte zu schätzen gelernt:

Individuen und Interaktion *mehr als*
Prozesse und Werkzeuge

Funktionierende Software *mehr als*
umfassende Dokumentation

Zusammenarbeit mit dem Kunden *mehr als*
Vertragsverhandlung

Reagieren auf Veränderung *mehr als das*
Befolgen eines Plans

---

[1] Das Agile Manifest https://agilemanifesto.org/iso/de/manifesto.html (zuletzt besucht am 12.11.2019)

Das heißt, obwohl wir die Werte auf der rechten Seite wichtig finden, schätzen wir die Werte auf der linken Seite höher ein.

Kent Beck, Mike Beedle, Arie van Bennekum, Alistair Cockburn, Ward Cunningham, Martin Fowler, James Grenning, Jim Highsmith, Andrew Hunt, Ron Jeffries, Jon Kern, Brian Marick, Robert C. Martin, Steve Mellor, Ken Schwaber, Jeff Sutherland, Dave Thomas

© 2001, the above authors

this declaration may be freely copied in any form, but only in its entirety through this notice. (Manifesto, 2001)

Prozesse, Dokumentationen, Vertragsverhandlungen und Pläne sind auch bei agilen Arbeitsweisen wichtig. Doch sie stehen nicht mehr im Mittelpunkt des Handelns. Sondern die auf der linken Seite beschriebenen Werte werden bevorzugt umgesetzt.

4.1.3   Unterschiede

Klassisches Projektmanagement

- Der Umfang ist fest definiert (im Pflichten- und Lastenheft), Zeit und Budget sind variable Werte.

- Die Entwicklung wird phasenweise durchgeführt.

- Der Prozess ist fest.

- Anforderungen werden im Lastenheft erfasst.

- Projektleiter hat die Verantwortung über das Gesamtprojekt.

- Lange Meetings und viel Dokumentation.

- Rollout am Projektende.

Bekannte Vorgehensmodelle sind das Wasserfallmodell und das V-Modell.

Agiles Projektmanagement

- Zeit und Aufwand/Kosten sind fest, der Umfang/ Kundennutzen ist variabel.

- Iterativer Prozess.

- Prozess wird kontinuierlich optimiert.

- Durchgehende Erfassung und Revision der Anforderungen.

- Team managt sich selbst (Selbstorganisation).

- Regelmäßige Kommunikation und wenig Dokumentation.

advitago Business Consulting

- Regelmäßiges Liefern von Kundenutzen.

Bekannte Vorgehensmodelle sind Scrum, Kanban und Water-Scrum-Fall.

4.1.4 Das magische Dreieck

In klassischen Projekten ist der Funktionsumfang fest und wird in Pflichtenheften beschrieben. In agilen Projekten hingegen ist der Nutzen, den der Kunde erwarten kann, eine Variable. Der Kunde ist stetig in der Entstehung involviert und kann maßgebend Einfluss auf den Kundennutzen nehmen. Wenn ein für ihn ausreichender Stand erreicht worden ist, kann der Kunde bestimmen, dass das Projekt beendet ist.

Das magische Dreieck ist in agilen Projekten daher genau umgedreht.

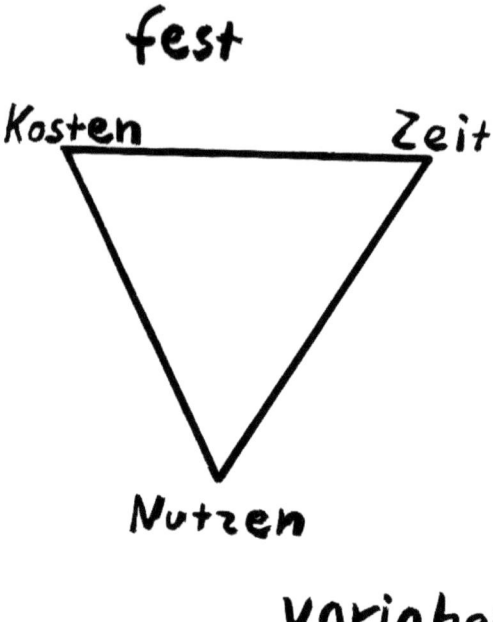

Der Kundennutzen ist variabel, doch Zeit und Kosten (Budget) sind fest. D.h. ein Kunde stellt ein gewisses Budget für eine bestimmte Zeit zur Verfügung und hilft dabei mit, den größtmöglichen Nutzen zu erzielen.

advitago Business Consulting

4.1.5 Stacey Matrix

Umso unklarer Anforderungen oder Lösungen sind, desto wahrscheinlicher ist der Einsatz von agilen Vorgehensmodellen sinnvoll. Bei klaren Anforderungen und klaren Lösungsansätzen, lässt sich ein Projekt gut mit klassischen Modellen umsetzen.

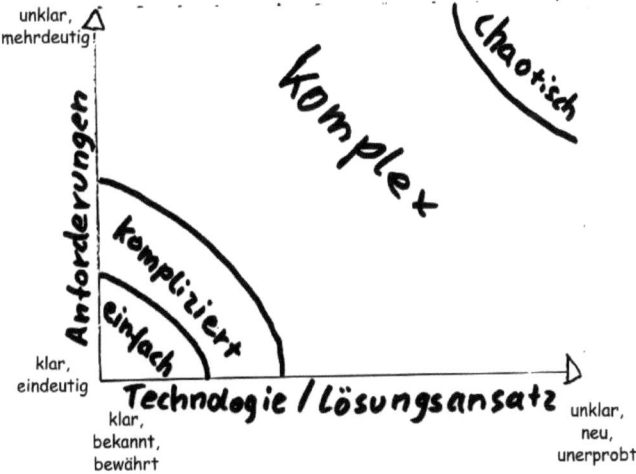

Bewegt sich ein Projekt in den chaotischen Bereich, sind selbst agile Vorgehensmodelle wie Scrum nur bedingt geeignet. In diesem Bereich bieten sich vielmehr Verfahren an, in denen schnell und in sehr kurzen Zyklen Erprobungen durchgeführt werden können, um sich den konkreten Anforderungen oder der Lösung zu nähern. Bewegt sich das Projekt mehr und mehr in den komplexen Bereich, lassen sich wieder bewährte Vorgehensmodelle einsetzen.

4.2 Scrum 3x3x5

Auf den nachfolgenden Seiten erhalten Sie einen Überblick über Scrum, der Wortherkunft und was es mit dem 3x3x5 auf sich hat.

4.2.1 Scrum und Rugby

Der Begriff Scrum entstammt der Sportart Rugby und beschreibt das angeordnete Gedränge, das nach der Wiederaufnahme des Spiels stattfindet (Wikipedia, 2019). Rugby ist eine raue Sportart, doch jeder Spieler hält an den Regeln fest. Nur durch Teamgeist und klare Kommunikation im Team wird das gemeinsame Ziel erreicht. Soweit die Parallelen zum agilen Vorgehensmodell Scrum.

Ikujirō Nonaka und Hirotaka Takeuchi gelten als bedeutende Mitbegründer des Wissensmanagements. Im Jahr 1986 erschien ihr Artikel „The New New Product Development Game" in der Harvard Business Review, welcher als Grundstein für das moderne Projektmanagement gilt. In diesem Artikel wurden die Worte Scrum und Sprint verwendet, welche aus Rugby entlehnt worden waren.

Jeff Sutherland hat in den 1980er Jahren Erfahrungen mit gut und weniger gut laufenden Projekten gesammelt. Dies veranlasste ihn dazu, die gut gelaufenen Projekte näher zu beleuchten und das, was gut klappte, auf andere Projekte zu übertragen. Im Laufe der Jahre wurde die Methode formalisiert, bevor sie in den 1990er Jahren erste Anwendung fand. Das erste Scrum-Projekt wurde 1993 durchgeführt. (Pichler, 2009), (Eid, 2019)

advitago Business Consulting

4.2.2 Das 3x3x5

3 Rollen, 3 Artefakte und 5 Ereignisse – mehr benötigt Scrum nicht. (Eid, 2019)

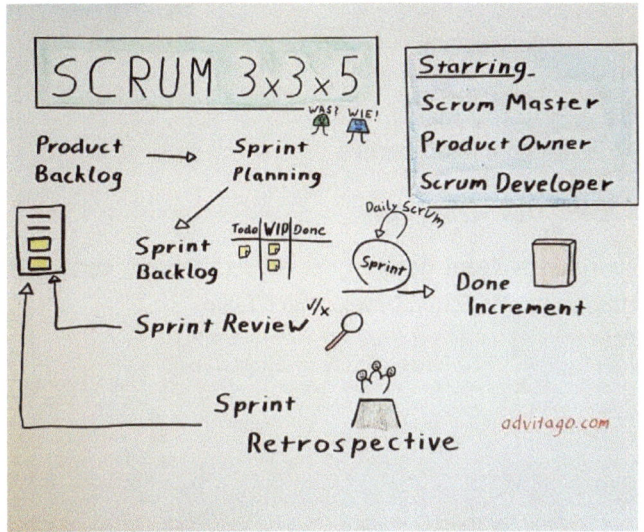

<u>3 Rollen</u>

- Product Owner

- Scrum Master

- Scrum Developer

<u>3 Artefakte</u>

- Sprint Backlog

- Product Backlog

- Done Increment

<u>5 Ereignisse</u>

- Sprint

- Sprint Planning

- Daily Scrum

- Sprint Review

- Sprint Retrospective

4.2.3 Das Scrum Team

Zum Scrum Team gehören der Product Owner, der Scrum Master und das Scrum Development Team.

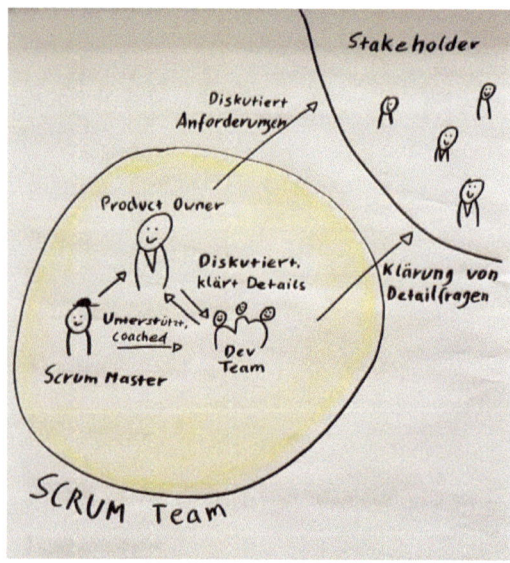

Dabei ist der Product Owner der direkte Ansprechpartner für die Stakeholder. Er diskutiert diese mit den Stakeholdern und plant zusammen mit den Stakeholdern die Roadmap.

Detailfragen diskutiert und klärt er mit den Scrum Developern. Dabei werden auch zuweilen die Stakeholder eingeladen, zum Beispiel im Rahmen des Sprint Plannings oder des sog. Backlog Refinements.

Der Scrum Master agiert als Coach, Trainer und Berater innerhalb des Scrum Teams. Zudem fungiert er als Schutzschild nach außen und sorgt dafür, dass die Scrum Developer ungestört arbeiten können.

4.2.4 Aufgaben des Scrum Masters

- Hüter des Prozesses
- Unterstützer für Product Owner und Scrum Developer
- Trainer und Berater
- Beseitigt Hindernisse
- Trägt Scrum in die Organisation
- Moderater
- Mentor und Coach

4.2.5 Aufgaben des Product Owners

- Erstellt und verbreitet die Produktvision

- Pflegt das Product Backlog

- Repräsentiert die Stakeholder

- Erstellt User Stories

- Erstellt und pflegt die Roadmap

- Führt die Abnahme von Done Increments durch

4.2.6 Aufgaben der Scrum Developer

- Arbeitet selbstorganisiert

- Trifft sich täglich zum Daily Scrum, um die Aufgaben des aktuellen Tags zu planen

- Unterstützt den Product Owner beim Verfeinern von User Stories

- Liefert dem Kunden einen größtmöglichen Mehrwert

- Ist eigenverantwortlich für die Abarbeitung des Sprint Backlogs

4.2.7 Cross-functional Teams

Das Kernteam des Scrum Teams, das Scrum Development Team, besteht genau aus den Disziplinen, die es benötigt, um das Produkt erfolgreich herstellen zu können. In den meisten Fällen ist das Development Team ein crossfunktionales Team. In der Softwareentwicklung besteht das Team zum Beispiel aus

Business Analysten, Software-Entwicklern, Designern und Testern.

4.2.8 Sprint

Beim Sprint handelt es sich um eine Iteration mit einer festen Länge. Im Verlaufe des Projekts ist die Länge des Sprints / der Iteration stets konstant. Ein Sprint startet und endet zudem immer am gleichen Wochentag.

Die Länge des Sprints sollte so gewählt werden, dass es sinnvoll für das Team und die Organisation ist. Wird häufiges Feedback von den Stakeholdern benötigt, wird ein kleinerer Zyklus gewählt. Benötigt das Scrum Team mehr Zeit zur Herstellung von sinnvollen Done Increments, wird der Sprint länger ausgelegt.

Die Sprintdauer beträgt in den meisten Fällen 2 oder 3 Wochen. Auch eine Dauer von 1 Woche oder von 4 Wochen kann sinnvoll sein. Längere Sprints sollten vermieden werden.

4.3 Backlogs

Scrum unterscheidet zwischen dem Product Backlog und dem Sprint Backlog. Zusätzlich gibt es noch ein Impediment Backlog. Auf den nachfolgenden Seiten findet eine Unterscheidung der einzelnen Backlogs statt.

4.3.1 Product Backlog

Im Product Backlog werden alle Arbeitspake (Product Backlog Items) festgehalten, die für die Umsetzung identifiziert worden sind. Jedes Team hat ein eigenes Product Backlog. Der Product

Owner ist für die Pflege zuständig, d.h. er erstellt neue Product Backlog Items (PBI), beschreibt bestehende PBIs detaillierter und bringt die Aufgaben in eine sinnvolle Reihenfolge (Priorisierung).

4.3.2   Deep Backlog

Die Aufgaben werden zunächst nur sehr grob aufgenommen – zumeist spricht man in dem Fall von Epics. Erst wenn einzelne Aufgaben kurz vor der Umsetzung sind, werden sie detaillierter beschrieben und durch das Scrum Development Team geschätzt.

Das sog. DEEP Backlog entsteht.

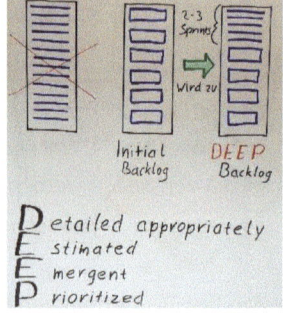

Es wird nur detailliert beschrieben, was auch tatsächlich in absehbarer Zeit umgesetzt wird.

4.3.3   Product Backlog Items

Jeder Eintrag im Product Backlog (PB) wird Product Backlog Item (PBI) genannt. Generell sind alle Anforderungen an ein Scrum Team, die im Product Backlog aufgenommen werden, Product Backlog Items; z.B. Epics, User Stories, Bugs.

4.3.4 Sprint Backlog

Das Sprint Backlog stellt eine Teilmenge des Product Backlogs dar. Und zwar genau der Teil, zum dem sich das Scrum Development Team für einen Sprint committed hat. Im Verlauf des Sprints wird das Sprint Backlog stückweise abgearbeitet.

4.3.5 Impediment Backlog

Alle Hindernisse (engl. Impediments), die auftreten, werden im Impediment Backlog aufgeführt. Der Scrum Master pflegt das Impediment Backlog und hält es stets transparent. Er ist für die Beseitigung der Impediments zuständig und berichtet dem Scrum Team den Fortschritt der Beseitigung.

Häufig werden neue Impediments in das Impediment Backlog im Rahmen der Sprint Retrospective oder des Daily Scrums aufgenommen.

4.4 User Stories

User Stories beschreiben was umgesetzt werden soll. Sie werden durch den Product Owner in Abstimmung mit den Stakeholdern verfasst und zusammen mit dem Scrum Development Team finalisiert.

4.4.1 Beschreibungsvorlage

Mit Hilfe der folgenden Vorlage lässt sich in einem Satz der Anwender, die erwartete Funktion und den zu schaffenden Mehrwert (also das konkrete Warum) beschreiben:

Als <Benutzer>
möchte ich <Funktion>
damit <Nutzen>

Werden User Stories in einem elektronischen Programm verfasst, werden zumeist noch die nachfolgenden Informationen festgehalten:

- Kurzbeschreibung / Titel

- Beschreibung in User Story Form

- Akzeptanzkriterien

- Business Value

- Story Points

- Abhängigkeiten / Verknüpfungen zu Epics, Tasks oder anderen User Stories

- Kommentare

- Anhänge

4.4.2 Definition of Ready

Die Vision wird zwischen Kunden und Product Owner konkretisiert. Der Product Owner nimmt neue Anforderungen als User Stories in das Product Backlog auf (Vision2Backlog).

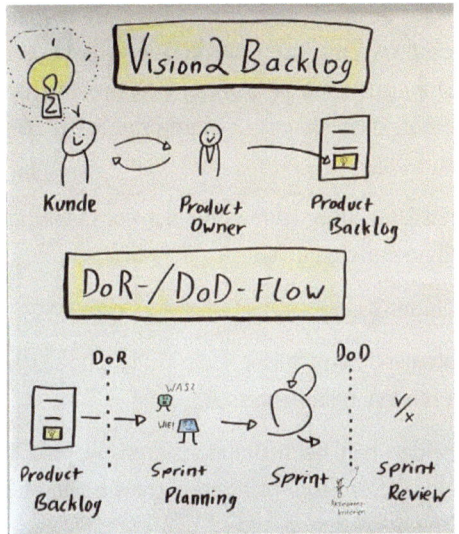

Bevor User Stories in das Sprint Backlog übernommen werden können, müssen sie zunächst die Defintion of Ready (Eid, 2019) passieren. In der Definition of Ready (DoR) stehen gewisse Vorgaben, die erfüllt sein müssen, bevor das Scrum Team diese User Story umsetzen kann. Zum Beispiel mittels INVEST lassen sich DoRs abbilden (Wikipedia, 2019).

Die Defintion of Done (DoD) wird dazu verwendet zu entscheiden, ob eine User Story erfolgreich umgesetzt und als Done bezeichnet werden kann. Zu den DoDs, die generell über alle User Stories hinweg gelten, kommen auch noch nicht

Akzeptanzkriterien. Diese sind für jede User Story speziell und müssen ebenfalls erfüllt werden.

4.4.3 Schneiden von User Stories

Eine User Story sollte so formuliert sein, dass sie innerhalb eines Sprints umgesetzt werden kann. Wenn dies nicht möglich ist, da die User Story zu komplex ist, muss sie geschnitten werden. Das bedeutet, dass sie geteilt werden muss in zwei oder mehr User Stories.

Das Schneiden einer User Story kann entweder auf fachlicher oder technischer Ebene erfolgen.

Warum wird geschnitten?

- Das Aufteilen ermöglicht die Planung von funktionierenden Teilergebnissen.

- Das Schneiden hilft beim Umpriorisieren, wenn z.B. ein Teil einer User Story nicht so wichtig ist wie ein anderer Teil der Ausgangsstory.

- Das Aufteilen hilft dabei, dass User Stories parallel umgesetzt werden können. Sei es im Team, oder gar durch die Übernahme einer Teilfunktion durch ein anderes Team.

4.4.4 Epics und Tasks

Ein Epic ist eine Ansammlung von 1 bis mehreren User Stories. Vom Umfang her ist ein Epic zumeist eine Aufgabe, die mehrere Sprints umfasst.

Ein Task wiederum ist ein kleiner Aufgabenblock, der zu einer User Story gehört. Ein Task sollte dabei in max. 1 Arbeitstag erledigt werden können. Eine User Story besteht aus 1 bis mehrere Tasks.

Definition:

- Task < 1 Arbeitstag

- User Story < 1 Sprint

- Epic > 1 Sprint & < 3 Monate

Diese Definition soll als Beispiel dienen. Jede Organisation (oder gar jedes agile Team) sollte sich die Definition vor allem von Epics selbst erarbeiten.

4.5 Agiles Schätzen

Auch Agiles Schätzen bleibt weiterhin eine Schätzung – eine vage Vermutung über Aufwand, Komplexität und Dauer, deren Ist-Wert beliebig vom geschätzten Wert abweichen kann. Klassische Schätzarten wie beispielsweise Personentage haben den Nachteil, dass aus einer Aufwandsschätzung schnell eine Verpflichtung entsteht. Denn der geschätzte Aufwand wird in Planungen häuft mit der Dauer gleichgesetzt. Wurde der Aufwand mit 2 Personentage geschätzt, so fließt diese Schätzung auch in die Dauerberechnung mit 2 Arbeitstagen ein. Ungeachtet der Tatsache, dass nur selten auch konstant zwei Arbeitstage ohne Unterbrechungen durchgearbeitet werden kann – E-Mails, Telefonate, Gespräche mit Kollegen usw. machen häufig einen Strich durch die Rechnung.

4.5.1 Unterschied zur Aufwandsschätzung

Anders als klassische Schätzmethoden, basiert das Agile Schätzen nicht auf konkreten Zeitschätzungen. Vielmehr wird die Komplexität einer Aufgabe geschätzt. Darin fließt auch die Umsetzungszeit ein, allerdings auch Abhängigkeiten, unbekannte Faktoren wie Rechercheaufwand, uvm. Der größte Unterschied ist allerdings, dass Relativ zu einander geschätzt wird. Anstatt eine konkrete Zeitschätzung abzugeben, wird häufig in einer fiktiven Einheit wie beispielsweise Story Points geschätzt. Schätzungen basieren auf Erfahrungen aus der Vergangenheit, in dem eine neu zu schätzende Aufgabe mit einer bereits umgesetzten Aufgabe in Relation gesetzt wird. Ist sie vergleichbar Komplex, bekommt sie die gleiche Anzahl Story Points.

4.5.2 Story Points

Die fiktive Einheit Story Points wird durch ein Scrum Team anhand einer Wertetabelle selbst erarbeitet (Eid, 2015). Es bietet sich an, mit Story Points bei einem neuen Team nicht direkt im ersten Sprint zu beginnen, sondern erstmal generelle Erfahrungen mit der agilen Arbeitsweise und dem Erstellen von brauchbaren User Stories zu sammeln.

Nach wenigen Sprints können dann auch Story Points eingeführt werden. Dabei ist es hilfreich, wenn sich das Scrum Team Referenzstories aus den bereits umgesetzten User Stories der vorangegangenen Sprints aussucht und diese den Story Point-Werten zuweise.

Meistens wird eine Fibonacci ähnliche Story Points-Wertung von 1 (die kleinste Schätzeinheit) und 100 (quasi für unendlich) gewählt. Die Reihenfolge lautet dann:

1 - 2 - 3 - 5 - 8 - 13 - 20 - 40 - 100

Das Scrum Team kann sich einen Schwellenwert überlegen, der maximal erreicht werden kann, um eine User Story in einen Sprint aufnehmen zu können. So könnte z.B. in der Defition of Ready definiert werden, dass eine User Story maximal mit 13 geschätzt werden darf. Wird sie komplexer geschätzt, muss sie zunächst geschnitten werden.

4.5.3 Schätzmethoden

In agilen Teams wird Planning Poker (Software, 2019) gerne eingesetzt, um verdeckt im ganzen Team die Story Points einer User Story zu schätzen. Der Vorteil an der Methode ist, dass das gesamte Team gemeinsam schätz und die Story Points erst aufgedeckt gezeigt werden, wenn sich jede eine Zahl ausgesucht hat. So werden Missverständnisse bzgl. der Komplexität einer Aufgabe im Team schnell aufgedeckt und auch die weniger erfahrenen Team-Mitglieder machen aktiv beim Schätzen mit.

Wird eine große Anzahl an User Stories geschätzt, ist Planning Poker allerdings nicht geeignet, da es sehr viele Diskussionen mit sich führt und daher äußerst Zeitintensiv sein kann. Bessere Schätzmethoden sind in dem Fall z.B. Magic Estimation und das Estimation Game.

4.6 Projekte

Agile Projekte beinhalten viele Elemente, die auch aus dem klassischen Projektmanagement bekannt sind. Dazu zählt eine klare Projektbeauftragung, eine Risiko- und eine Stakeholderanalyse.

4.6.1 Projektdefinition

Vorhaben, das im Wesentlichen durch die Einmaligkeit aber auch Konstante der Bedingungen in ihrer Gesamtheit gekennzeichnet ist, wie z. B. Zielvorgabe, zeitliche, finanzielle, personelle und andere Begrenzungen; Abgrenzung gegenüber anderen Vorhaben; projektspezifische Organisation."

Laut DIN 69901 (DIN, 2009) ist ein Projekt ein Vorhaben, dass dadurch gekennzeichnet ist, dass es einmalig ist.

4.6.2 Stakeholder

Stakeholder sind Individuen, Organisationen und Abteilungen, die direkt oder indirekt mit dem Projekt verbunden sind. Sie entscheiden über Projektaktivitäten oder werden durch diese beeinflusst.

4.6.3 Produktvision

Mit Hilfe des Elevator Pitchs lässt sich die Projektvision in einem oder wenigen Sätzen beschreiben. Sie ist kurz und prägnant, grenzt das Projekt zu anderen Vorhaben ab und weckt die Neugier auf das Projekt. Die Produktvision soll inspirierend und attraktiv sein und zur Förderung der Kreativität beitragen.

Die Produktvision beinhaltet:

- Wer ist die Zielgruppe?

- Welche grundsätzlichen Bedürfnisse werden adressiert?

- Welche Produkteigenschaften sind kritisch für den Erfolg?

- Wie positioniert sich das Projekt gegenüber der Konkurrenz / der bisherigen Situation?

4.6.4   Project Inception

Beim Project Inception handelt es sich um ein Projektdeckblatt. Neben der Produktvision und den Stakeholdern, beinhaltet das Project Inception weitere Elemente, die für einen schnellen Überblick über das Projekt relevant sind. Es beschreibt den Projektinhalt (in scope, out of scope), die beteiligten Rollen, den Projektnutzen und die Projektziele.

4.6.5 Der Projekt-Flow

Nachdem der Product Owner zusammen mit dem Kunden die Vision konkretisierte, die Anforderungen erfasst und das Project Inception erstellt hat, kommt das initiale Projektteam zusammen. Dieses beginnt nach der Projektbeauftragung mit dem Füllen des initialen Product Backlogs. Das Team arbeitet dabei in Spikes und wird das spätere Kernteam des noch zu findende Scrum Teams sein.

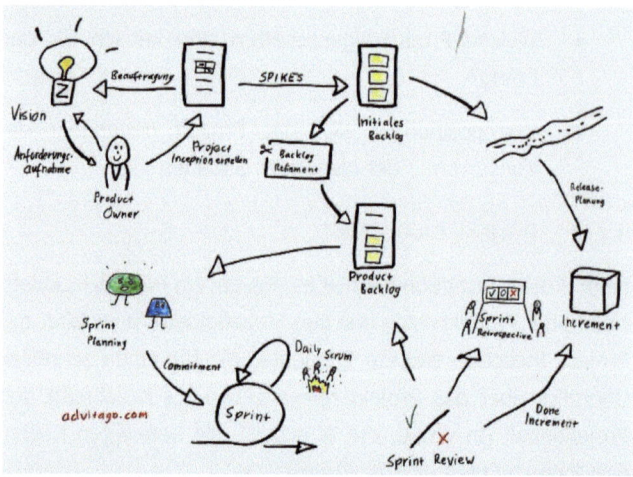

Steht das initiale Product Backlog fest, kann das eigentliche Scrum Team dessen Arbeit aufnehmen. Im Bachlog Refinement wird der erste Sprint vorbereitet, der im Sprint Planning final besprochen und geplant wird. Die Umsetzung erfolgt dann im gewohnten Scrum Flow, d.h. es findet ein Daily Scrum statt und zum Abschluss des Sprints finden ein Sprint Review und eine Sprint Retrospective statt.

Während des Sprints werden – je nach Bedarf – Backlog Refinements durchgeführt. In der Anfangsphase des Projekts vermutlich einmal pro Woche, später einmal pro Sprint (bei einem 2 Wochen-Sprint).

Aus dem Sprint Review entstehen Done Increments, neue Einträge für das Product Backlog oder Input für die Sprint Retrospective.

Parallel zur Umsetzung wird eine Roadmap erstellt, die kontinuierlich überprüft wird und sich aus dem aktuellen Product Backlog speist. Der Product Owner ist sowohl für die Pflege des Product Backlogs, als auch die Erstellung der Roadmap zuständig.

4.7 Eigene Notizen

advitago Business Consulting

5 Glossar

Acceptance Criteria

Englisch für Akzeptanzkriterien (siehe Eintrag im Glossar).

Akzeptanzkriterien

Beschreiben die Abnahmekriterien einer User Story, also alle Bedingungen die erfüllt sein müssen, damit eine User Story durch den Kunden abgenommen werden kann.

Agil

laut Duden ist agil bildungssprachlich und bedeutet „von großer Beweglichkeit zeugend; regsam und wendig".

Aufgabentafel

siehe Taskboard.

Backlog

Es gibt mit dem Product Backlog, dem Impediment Backlog und den Sprint Backlog unterschiedliche Arten von Backlogs. Ein Backlog ist dabei eine Ansammlung von Stories oder anderen Elementen, die benötigt werden, um das Produkt herzustellen.

Backlog Items

Die im Product Backlog eingetragenen User Stories werden als Backlog Items bezeichnet.

Backlog Refinement

Im Backlog Refinement findet eine Überprüfung des bisherigen Backlogs statt. Vorhandene User Stories werden dabei weiter detailliert und u.U. in mehrere kleinere User Stories heruntergebrochen. Ebenso werden neue User Stories auf Grundlage neuer Erkenntnisse oder Anforderungen erstellt.

Business Value

Der Wert einer User Story im Verhältnis mit den anderen User Stories im Product Backlog.

Change-Prozess

Die Einführung von Scrum bzw. agilen Methoden geht mit einem Change-Prozess einher. Dieser muss von Change-Managern (in diese Rolle können Scrum Master schlüpfen) begleitet werden, um die Mitarbeiter die neuen Prozesse anzulernen und ihre Ängste vor der damit einhergehenden neuen

Arbeitswelt zu verstehen sowie zu mindern.

Daily Scrum

Das Daily Scrum wird täglich durchgeführt. Bei dem Meeting nimmt das gesamte Scrum-Team teil, wobei nur das Scrum Development Team „reden darf".

Im Daily Scrum werden die Fragen beantwortet:

- Was habe ich seit dem letzten Daily Scrum gemacht?

- Was werde ich heute machen?

- Welche Hindernisse halten mich davon ab, meinen Plan umzusetzen?

Development Team

siehe „Scrum Development Team"

Done Increment

Bezeichnet die Summe aller umgesetzten User Stories am Ende eines Sprints.

Epic

Ein Epic ist ein Strukturelement, um komplexe Aufgaben auf mehrere Ebenen zu beschreiben. Aus

Epics werden User Stories generiert, die wiederum in Sprints genommen werden können, wobei dann Tasks zu den einzelnen User Stories erstellt werden.

Estimation Meeting

Das Schätzmeeting wird verwendet, um neue User Stories zu schätzen. Dabei werden oftmals Story Points als Schätzwert verwendet. Auch werden bereits in der Vergangenheit geschätzte User Stories erneut geschätzt, um vom mittlerweile angeeigneten Wissen zu profitieren und eine bessere Schätzung zu erhalten. Das Estimation Meeting ist normalerweise Bestandteil des Backlog Refinements.

Increment

Beinhaltet die Summe aller Done Increments. Das bedeutet, das Increment bezeichnet einen integrierten Stand aller bisherigen Arbeitsergebnisse dar.

Master Story

Unter Master Story wird ein zu entwickelndes Feature verstanden. Das Feature/die Master Story wird unterteilt in mehrere User Stories (und ggf.

Epics als weitere Hierarchie-Ebene vor den User Stories).

Master Story-Liste

Eine Auflistung aller Feature.

Product Backlog

Beinhaltet alle Anforderungen an das Produkt / Projekt und wird kontinuierlich durch den Product Owner gepflegt.

Product Owner

Hat die Verantwortung über das Produkt und den direkten Draht zum Kunden. Er ist für die Priorisierung und Aktualisierung des Product Backlogs verantwortlich.

Retrospektive

Die Sprint Retrospektive findet am Ende jedes Sprints statt und bietet damit Raum zur kontinuierlichen Verbesserung des Prozesses.

Scrum Development Team

Das Kern-Team setzt die vom Product Owner herausgearbeiteten Aufgaben in ein funktionierendes Produkt um.

Scrum Master

Ist für die Einhaltung des Scrum-Prozesses mit seinen Regeln verantwortlich und schult die Team-Mitglieder im Prozess.

Scrum-of-Scrums

In diesem Meeting kommt jeweils ein Vertreter pro Team zusammen, um Abhängigkeiten zwischen den Teams zu besprechen und eine Synchronisation der Teams herzustellen.

In dem Meeting werden diese drei Fragen beantwortet:

- Was hat mein Team seit dem letzten Scrum-of-Scrums erreicht?

- Was plant mein Team heute umzusetzen?

- Welche Hindernisse beeinträchtigen mein Team?

Scrum-Team

Besteht aus einem Scrum Master, einem Product Owner und mehreren Scrum Developern.

Sprint

Ein zeitlicher Rahmen / bzw. eine Iteration zur Umsetzung der Aufgaben aus dem Sprint Planning.

Sprint Goal

In wenigen Worten wird das Ziel eines Sprints beschrieben und ein Gesamtziel des Sprints damit ausgegeben. Das Sprint Goal dient zur Fokussierung auf ein gemeinsames Team-Ziel.

Sprint Planning 1 und 2

In den Planungsmeetings wird der Rahmen des nächsten Sprints definiert und ausgearbeitet. Am Ende steht ein Commitment des Teams dem Product Owner gegenüber.

Sprint Review

Findet am Ende des Sprints statt und bietet eine Möglichkeit für das Scrum-Team, schnelles Feedback vom Kunden einzuholen, was anschließend in den nachfolgenden Sprint mit aufgenommen werden kann.

Stand-up Meeting

siehe „Daily Scrum"

Stakeholder

Der Kunde, interner Beauftrager und andere Personen, die direkt oder indirekt vom Ergebnis des Produkts/Projekts abhängig sind oder davon profitieren.

Story Points

Eine Möglichkeit um Story Points anhand deren Komplexität zu schätzen und zu beziffern.

Stories

siehe „User Stories"

Task

Stellt eine Unteraufgabe einer User Story dar und sollte innerhalb eines Arbeitstages abgeschlossen werden können.

Taskboard

Wird im Sprint Planning 2 mit Tasks bestückt und durchgehend aktualisiert.

User Stories

Beschreibt eine Anforderung des Kunden.

Velocity

Der Durchsatz an Story Points pro Sprint.

6   Verweise

DIN. 2009. DIN 69901-1. [Online] 2009.
https://www.din.de/de/wdc-beuth:din21:113428320.

Eid, Patric. 2015. Agile-PM.de. [Online] 2015.
https://agile-pm.de/2015/07/31/aufwandsschaetzung-
mit-story-points/.

—. **2019.** Agile-PM.de. [Online] 2019. https://agile-
pm.de/2019/07/17/dor-mittels-invest/.

—. **2019.** Agile-PM.de Scrum 3x3x5. [Online] 2019.
http://agile-pm.de/2019/11/15/scrum-3x3x5.

—. **2019.** *Agiles Projektmanagement und Scrum -
Praxishandbuch Agiles Arbeiten.* s.l. : BoD Verlag, 2019.

Guide, The Scrum. 2019. [Online] 2019.
https://www.scrumguides.org/scrum-guide.html.

Manifesto, Agile. 2001. Das Agile Manifest. [Online]
2001. https://agilemanifesto.org.

Pichler, Roman. 2009. *Scrum – Agiles
Projektmanagement erfolgreich einsetzen.* s.l. :
dpunkt.verlag, 2009.

Software, Mountain Goat. 2019. [Online] 2019.
https://www.mountaingoatsoftware.com/agile/planni
ng-poker.

Wikipedia. 2019. INVEST. [Online] 2019.
https://en.wikipedia.org/wiki/INVEST_(mnemonic).

—. 2019. Wikipedia Scrum. [Online] 2019.
https://de.wikipedia.org/wiki/Scrum.

7   Der Autor

 Patric Eid ist Diplom-Informatiker (FH), Professional Scrum Master I und Scrum Change Manager. Er hat sich 2008 auf das Thema agiles Projektmanagement spezialisiert und ist seit 2013 Geschäftsführer einer Beratungsfirma (Beratung, Training und Coaching). Zudem führt er seit 2014 Trainings im Bereich agiles Projektmanagement und Scrum an der VHS Wiesbaden und als selbstständiger Trainer durch.

Kontakt:

advitago Business Consulting

ein Service der eid – HuB UG (haftungsbeschränkt)

https://eid-hub.de und https://advitago.com
service@advitago.com